NO LIMITE
DA CONSCIÊNCIA

WAGNER RODRIGUES
NO LIMITE
DA CONSCIÊNCIA

São Paulo, 2023

No limite da consciência
Copyright © 2023 by Wagner Rodrigues
Copyright © 2023 by Novo Século Ltda.

EDITOR: Luiz Vasconcelos
GERENTE EDITORIAL: Letícia Teófilo
REVISÃO: Equipe Novo Século
CAPA E DIAGRAMAÇÃO: Ian Laurindo

Texto de acordo com as normas do Novo Acordo Ortográfico da Língua Portuguesa (1990), em vigor desde 1º de janeiro de 2009.

Dados Internacionais de Catalogação na Publicação (CIP)
Angélica Ilacqua CRB-8/7057

Rodrigues, Wagner
  No limite da consciência / Wagner Rodrigues. -- Barueri, SP : Novo Século Editora, 2023.
  128 p.

Bibliografia
ISBN 978-65-5561-524-1

1. Poesia brasileira I. Título

23-2150   CDD B869.1

Índice para catálogo sistemático:
1. Poesia brasileira

Alameda Araguaia, 2190 – Bloco A – 11º andar – Conjunto 1111
CEP 06455-000 – Alphaville Industrial, Barueri – SP – Brasil
Tel.: (11) 3699-7107 | E-mail: atendimento@gruponovoseculo.com.br
www.gruponovoseculo.com.br

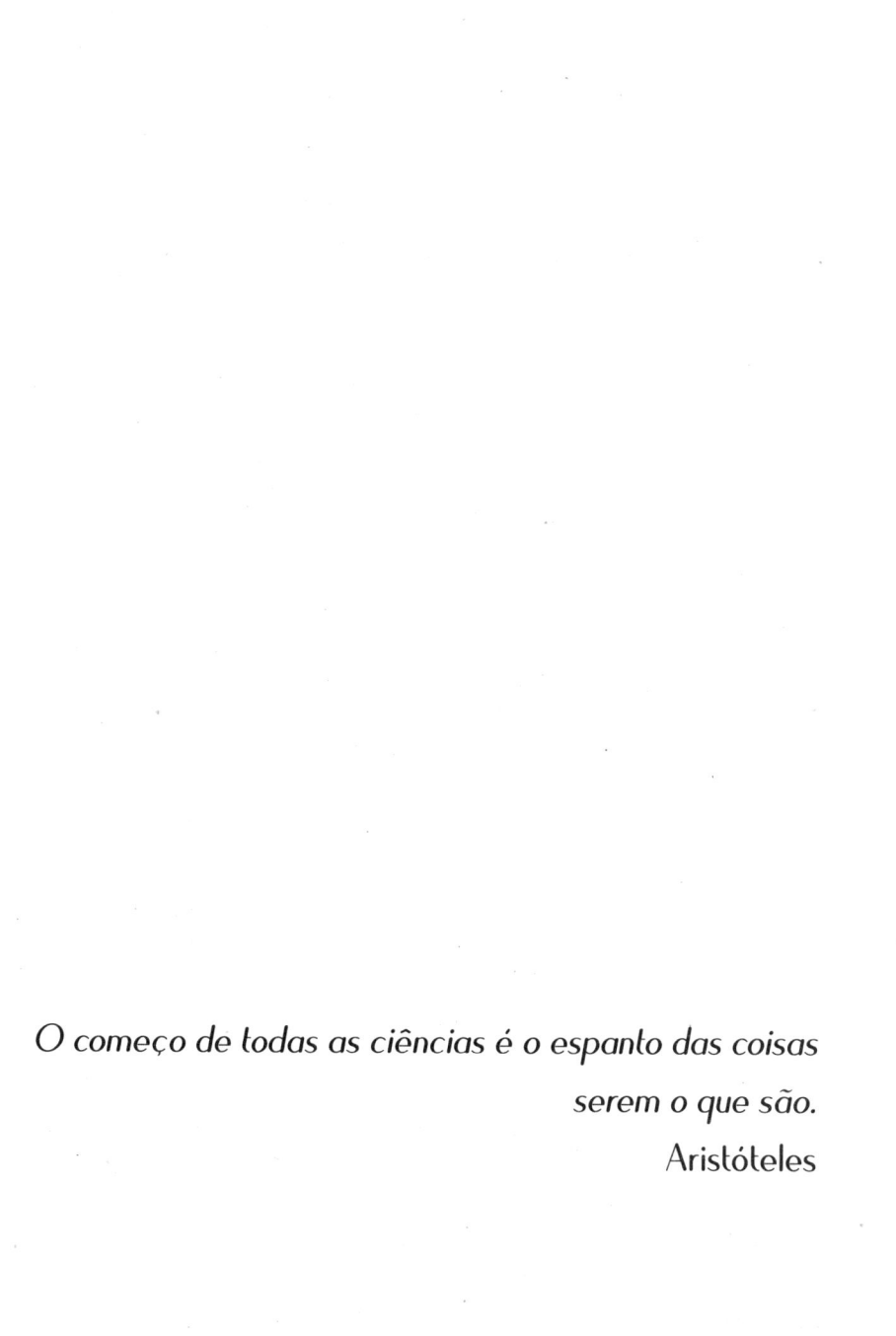

O começo de todas as ciências é o espanto das coisas serem o que são.

Aristóteles

Sumário

Apresentação
Curiosidade 17
Alma e vida 19
Humanidade 20
Tristeza 21
Terraplanismo 22
Sanidade 23
Nietzsche 25
Solidão 27
Caminhos 28
Religião 29
Biologia 30
Escolhas 31
Bátrakhos III 32
MMA dos Deuses 34
Coletivo 37
Universos 39
Marciano 40
Consciência 43

Vagamente 45
Bugios do Patri 46
Origem 49
Coletivo II 51
Abraão (Gênesis) 53
Humanidade 54
Amor e ódio 55
Ideologia 57
Último pœma 58
Lamento 59
Tecka sapeca 60
Tempos incertos 63
Finitude 64
Estranheza 65
Rimas e rumos 67
Conversa no café da manhã 68
Entrelaçamento quântico 70
Dupla fenda 72

Física da consciência.. 74
Se o éter existisse... 75
O dilema de Lúcifer.. 77
Porém, todavia.. 79
Hava Nagila...80
Entre aspas 81
Infinito.. 82
Shabat Shalon... 83
Ciência de fato... 84
Serenidade.. 85
Assunto é o que não falta 86
O que é vida.. 89
Sempre e nunca 91
Imaginação.. 93
Eu não estou aqui 94
Poema 95
Macaquice 97
Finais 100

Minha tia 101
Melancolia 102
O homem quieto 103
O homem que falava muito 104
Vento quente 105
Valha-me, meu santo! 106
Adelina 107
Enxurrada 108
Quebra coco (aos escoteiros) 109
Ponte de pau 111
Pixoxó 112
Arrastão 113
Caos 115
Arte Digital 117
666 118
Simultâneo 121
Só o passado se apresenta 123
Pœmetos 125

Apresentação

Conheci o Wagner em fevereiro de 1963, no Colégio Estadual Jácomo Stávale. Provavelmente. Nenhum dos dois lembra ao certo se a amizade começou imediatamente aí e nem mesmo como começou. Sabemos que antes estudamos no Grupo Escolar Pio XII, porém temos a certeza absoluta de que não nos lembramos um do outro desse período.

Tínhamos encantamentos diferentes. Ele amava a Física, Matemática, Química, Biologia, Português. Eu o achava um gênio por causa da Matemática, um ponto fraco meu até o terceiro ano do ginásio, o equivalente ao sétimo ano do Fundamental hoje, quando descobri que, se estudasse a disciplina, seria como qualquer uma das outras e poderia me divertir com ela. Meus amores eram mais ou menos os mesmos, mas nossa matriz em comum eram as aulas de Português com a Professora Bárbara de Carvalho. Mulher incrível, que nos encaminhou na literatura de forma definitiva.

Éramos – nos tornamos – cinco amigos: Wagner, Adriano, Romão, Bolinha e eu. Até hoje bons amigos. Aprendi com eles que o respeito recíproco sedimenta os relacionamentos e cada um serve de espelho para o outro, a tal ponto que, de vez em quando, ainda hoje, através deles, aprendo um pouco sobre o que fui e me tornei. E acredito que também dou minha contribuição ao aprendizado deles.

Tivemos caminhos diferentes. Wagner, engenheiro; Adriano, urologista (gênio); Romão, cirurgião pediatra (gênio); Bolinha, bioquímico (gênio).

Não qualifiquei o Wagner de gênio, porque quero destacar à parte que sempre vi nele um diferencial. Era o mais esperto, o mais hábil nos esportes, quem melhor se posicionava nas questões filosóficas, o mais teimoso. Com todos os seus superlativos que distribui até hoje aos seus quatro amigos, minimizando os seus próprios méritos, para mim garante, pelo menos com isto, a qualificação de mais teimoso.

E foi talvez por teimosia que começou brincando com as palavras, que se tornaram frases, versos e fizeram dele um poeta-cronista memorável e, se ainda não é assim reconhecido, este livro é mais uma partícula que contribuirá para a imensa história que terá como autor.

O texto do Wagner é contundente, conclusivo. Ele não economiza pensamento quando escreve.

Gosto, por exemplo, quando afirma:

Não sei do que sou feito.
Feito sou, claro que sou.

É como se desse um tapa na mesa, encerrando qualquer possibilidade de discussão sobre um dilema que assombra a humanidade há séculos.

Ao mesmo tempo, também está presente a angústia da finitude, da maneira como teme a própria dor e a triste descoberta de que, por mais cartesiano que seja, há uma indagação presente e sem resposta.

Só a angústia é real, só a dor é o que importa
No caminho que sigo, no caminho que sou.

Fica aqui um convite para que você possa mergulhar neste trabalho, mas não se deixe iludir. Na simplicidade da expressão, na busca aparentemente singela no passado, no futuro ou mesmo aqui, como o poeta escreve, é que se revelam as intimidades poéticas deste amigo que é meu, mas que também pode ser seu.

Cleber Papa
diretor de teatro, cenógrafo e dramaturgo

Curiosidade

Não sei do que sou feito.
Feito sou, claro que sou.
Apareci feito eu mesmo…
Mas o que foi que me moldou?

Houve um Deus fazendo planos
De brincar com minha vontade
Ou não o fez e um acidente
Fez de mim essa entidade?

Sei que sou, mas não conheço
O que sou bem de verdade,
Neste monte de partículas
Estranho haver curiosidade.

Alma e vida

Viver é ato.

Alma e vida se confundem
Ou está confusa a afirmação?
Vida é ato, devido ao tempo,
Alma é conceito, abstração.

Sem vida a alma é efêmera
Já que da vida a alma é ato,
Ato criado na própria vida,
Talvez nem seja da vida um fato.

Humanidade

A pureza da arte depende do homem.
A beleza em si não tem serventia,
Serve ao mais nobre entre os sentimentos
Ou à crueza de guerras vazias:
Em hinos que marcam guerras sangrentas
Ou imagens dantescas de mentes doentias.

A ciência nos leva a testar a verdade,
Desvendar a razão daquilo que existe.
O saber também traz, em si, consequências,
Não é certo ao homem a moral ou o amor.
O poder que entrega aos homens o domínio
Dissemina tristeza, orgulho e dor.

Mesmo esses deuses que construímos
A dar-nos conforto às angústias sombrias,
Em momentos de crise ou conflitos de guerra
Liberam em nós mesmos o que há de pior
Contra todos que pensem de forma diversa.
Justificam o agir sem razão ou valor.

Claro que tudo tem seu lado algo ameno
Que fez o homem chegar aonde está.
Caminho estranho que não traz a certeza
De seguirmos adiante sem nos sufocar.

Tristeza

Há sentimentos explosivos
Que põem o coração em corrida,
Seja por esperança vindoura
Ou temor pela própria vida.

Tristeza é o oposto desses sentimentos,
É sofrimento profundo, mas também é paciente.
Machuca bem fundo, como algoz delicado.
O que sofre não sabe, mas sempre consente.

Terraplanismo

Se espaço-tempo é sempre curvo
Nas tangentes desta Terra,
Fazendo retas as curvas todas
Onde aparente uma curva era,
Deriva estranha a forma mais certa
Na superfície do globo onde vida prospera.

Esses planos, curvados no tempo,
Esse efeito estranho da vil gravidade
De cosmos e cosmos pela massa deixada
Oferecem senso à estranha verdade:
Endireitam tudo o que seria mais curvo
Nesta louca planície da esfericidade.

Um plano torto circunda esta Terra
Segundo a teoria geral da relatividade,
Dando razão aos malucos insensatos
Que ignoram o porquê dessa pura verdade.
Faz-se mais plana essa Terra largada,
Capricho estranho, mas fatal realidade.

Sanidade

Seguimos vivendo sem compreender
Como é estranha nossa existência.
Tentamos propor razão ou teoria,
Que falsamente chamamos ciência,
A explicar nossas angústias de origem e final.

Aparência é só o que surge no ato,
À verdade jamais alguém pode chegar.
Ciência em si pressupõe o saber
E saber, de fato, não se deixa alcançar.

Muitos, então, preferem tentar
Recorrer à fé, abandonam o pensar.
Esforço tosco na absurda procura,
Pois fé leva a qualquer e a todo lugar.

Melhor seguir sem tentar o saber,
Viver apenas sem nem mesmo tentar.
Ser como a rocha que está só ali,
Não questiona o porquê ou se irá lá ficar.

Nietzsche

Deus está morto, graças a Deus,
Não por blasfêmia, mas por amor.
Amor ao homem e amor à vida
Que em amarras do clero fora ferida.

Na verdade, nem Deus poderia morrer,
Nem mesmo o filósofo desvaneceria,
Já que as mentes em si são diversas,
Provendo nas crenças e nas poesias
Todo caminho que o espírito anseie...

Não importa a verdade, a razão ou a fé.

Solidão

Não há solidão maior
Que a solidão da divindade,
Sem origem que o limite
Nem um fim na eternidade.

Caminhos

Os caminhos percorridos não revelam onde estou.
Apenas que sigo.
Não sei o destino ou de onde parti.

Esqueci os segredos que o passado esconde
Das possibilidades por vir.
A ineficiência do tempo confunde,
Misturam passado, futuro e aqui.

Lampejos de fatos brincam em minha mente.
Sem escolhas, já não sei a razão de sentir
Tão tênue verdade que se perde em si mesma...
Não revela se existe ou só tenta existir.

É meu corpo um fato ou apenas pretende,
O que penso existe ou apenas me engano,
É a morte começo, acidente ou um fim...

Os caminhos que sigo ignora a razão,
As escolhas que faço são apenas acasos,
Essa vida que finge não garante a existência,
Nem a morte que temo me fará compreender.

Só a angústia é real, só a dor é o que importa
No caminho que sigo, o caminho que sou.

Religião

Agora temos as respostas
Às questões que nos afligem,
Sejam elas as corretas,
Pouco importa, nos convêm.

A angústia foi banida
No conforto da esperança,
Se faltar-nos a verdade,
Não nos falta a mansidão.

Temos fé, é o que basta!
Sem as dores da incerteza
A vida segue
Em segurança até o fim.

Se estivermos enganados,
Deixem estar, estamos bem,
Não nos venham com Ciência…
Esta fé não nos convém.

Biologia

Se física já é complicada
E de gênios necessita,
Não nasceu talento ainda
Que desvende, de verdade,
Dos segredos da ciência
O que, de fato, é vida.

Leis juntaram quarks e glúons
Dessa forma ajeitadinha?
A contar poemas e histórias
De fazer sofrer ou exaltar em glórias,
Que teimam e pretendem explicar
Por que existe a consciência
Em mero acaso da ciência?

Espirais de proteínas
Do ácido primordial
A criar esse poema?

... Será que sabem o final?

Só resta ao leitor o espanto
E ao autor, talvez, o encanto
De tentar, sem consciência,
Explorar a biologia.

Escolhas

Entre as escolhas que faço
Muitas não trazem problemas.
Se referem ao dia a dia,
Variam de porte e de temas.

No entanto, existem outras
Que me trazem algum dilema,
Tem um peso muito grande
Até quando escrevo um poema.

A dificuldade são os outros
Que não pensam como eu,
Que não querem diferenças
Do que trazem como seu.

As escolhas criam mágoas,
Ferem crenças, renegam fé…
Mas a escolha não escolhe
Ser aquilo que se é.

Bátrakhos III

Sou um príncipe, acreditem,
Do encantado reino de Alkaim.
Se encontrarem uma princesa,
Mande-a logo atrás de mim.

De um beijo necessito
Que me livre desse encanto,
Sou bem feio assim por fora,
Mas por dentro... sou um santo.

Mas avisem a dita cuja
Da condição "alvissareira":
Tem que ter um bom estômago
Ou enxergar tal qual toupeira.

O beijo tem que ser bom beijo,
Beijo de língua e tudo mais,
Ou não sei é se eu retorno
A ser o belo e bom rapaz.

Claro que estou aqui pelado,
Sendo mister trazer com ela
Um traje nobre e majestoso
Com faixa verde e amarela.

O meu tamanho é GG
Por causa da ossatura,
A cintura é cento e dez,
Mas tenho pouca gordura.

Traga um cinto reforçado
Em couro e uma boa fivela,
Que a calça não seja longa
Para não amontoar na canela.

Os meus cabelos dourados
São apliques, qual donzela…

… Se a princesa não vier,
Podem trazer a mãe dela.

MMA dos Deuses

Os deuses se reuniram
Para definir, afinal,
Qual era o deus entre os deuses
A se aclamar entre eles
Tornando-se o primordial.

Entre os politeístas,
Que trouxeram sua torcida,
Estava Zeus, muito culto,
Por ter abrigado, em tributo,
A grande Escola de Atenas.

Entre os deuses de Roma,
Escolhido meio às pressas,
Júpiter superou Apolo
Que se ocupara com Juno
Em colóquio celestial.

Odin chegou bem nervoso
Por causa de Ragnarok.
Entre os deuses, surpreendia.
Era o único que conhecia
Sua morte e seu final.

Os dois deuses desses primos
Chegaram em acusações:
Jeová reclamava de plágio,
Enquanto Alá retrucava
Que, ao menos, não engravidara
A mãe do povo cristão.

Muitos mais foram chegando,
Deus selvagem, deus sacana,
Tinha deus de todo tipo,
Deus eterno, deus erudito,
Deus do inferno e do infinito.

Todo deus, como é sabido,
Tem um ego colossal!
Como todo-poderoso
Cada um tinha certeza
De ser ele o maioral.

Não houve a possibilidade
Da coisa sair só no papo,
Na base da democracia.
A escolha seria no tapa,
Só assim, então, fluiria.

Não posso contar o que houve,
Está muito além do meu tema.
É bom deixar por aqui,
Melhor terminar o poema.

Coletivo

À vida o indivíduo importa
Na medida em que acrescenta
Um passo mais a ser dado
Na espécie que representa.
Um macaco não decide,
Por sua força ou intuição,
Mover-se até virar homem,
Auxiliando a evolução.

A vida se vale do acaso
Em passos de tartaruga.
Dentre muitos cria uns poucos
Que geram membros, não verruga.

Se a mudança é proveitosa
Ela mesma se alimenta.
O indivíduo só importa
Se for útil à consequência.

O indivíduo enquanto ato
Tem papel bem relativo.
Serve à vida quando serve
Como espécime ao coletivo.

Universos

O universo absoluto,
Objeto da nossa ciência,
Procura entendê-lo a física
Com suas leis e consequências.

Atrai a atenção de mentes
Que se ocupam em decifrar
Sua origem, sua sequência
E seu modo de operar.

Então, vão modificando
Sempre que encontram um fato
Que intrigue, dados
Que a teoria da moda não viu.

Das leis da física clássica,
À relatividade geral,
Até a intrigante verdade
Da quântica irracional,
Muitas teorias prosperam...

... E caem com a mesma frequência,
Assim que surgem coisas novas
Na evolução da ciência.

Já meu universo de sonhos
Que em minha vida acumulei,
Este não poderá ser revisto
Quando eu aqui não mais serei.

Marciano

Há milhões de anos
De dar-se o colapso final,
Prosperava um planeta
Abundante em rios e mares
Com florestas verdejantes.

Muitos marcianos, criados
À imagem de seu Deus poderoso,
Abundaram em toda Marte
Formando comunas gigantes
Com tecnologia sem igual.

Exploraram seus recursos
Com a força das empresas.
Domesticaram animais
A servi-los como presas.
Seu sucesso sobre a fauna
Não teve competição.
Eram muito mais astutos
Que freios da evolução.

Mas com todos os excessos
Do uso de resto da vida,
Aconteceu um processo
De desertificação sem medida.

O fim chegou bem aos poucos
Contornado com maestria
Ao gerenciarem a catástrofe
Por meios de engenharia.
O declínio foi bem lento,
Tão lento que não permitia
Que pensassem outro caminho,
Àquilo que há tanto ocorria.

Quando mais nada restou,
Restou o devassado planeta
Que o marciano criou:
A bola vermelha sangrenta
Do deserto que moldou.

Consciência

Ter a ciência de si,
Por mais estranho que seja,
Constrói nesse ato singelo
Tudo que é ou seria.

Vagamente

Essa máquina esquisita,
Que temos na nossa cabeça,
Pode ser boa quando frita,
Numa boa milanesa.

Não defendo antropofagia,
Isso não seria adequado.
Só apresento esse fato
Sem qualquer analogia.

Já cortaram a coisa em tiras
E lhe aplicaram eletrodos.
Tudo em vão, esses processos
Só produziram mais engodos.

A mente no cérebro gerada
É coisa de cada indivíduo.
Sendo fruto, ela pretende
Decifrar-se na empreitada.

É que a mente é muito vaga
Quanto à forma em que opera.
Vagamente ela é descrita
Nos detalhes que se espera.

Como pode essa coisa mole
Desvendar-se sem ajuda?
Deve ser por insolência
Ou crise de doidice aguda.

Bugios do Patri

O bando estava grande
Com membros de todo porte,
As fêmeas com os recém-nascidos
Agarrados no cangote.
Qual moleques em estrepolias
Vinham no final do bando,
E se apressavam em agrupar
Para não ficarem distantes.
Dois machos lideravam,
Mostrando o caminho.
Indicavam as guloseimas
E a hora de partir.
Na manhã seguiam longe,
Aproveitando bem a via,
Voltavam com o cair da noite
Ao local do abrigamento,
Ao aconchego seguro,
Esperando um novo dia,
Recomeçando o percurso
Nesse seu ato de fé.

Essa rotina de vida
Seguiam a cada dia.
Não temiam olhares humanos
Que os deixavam seguir

Encantados com a sorte
De vê-los pelas árvores,
Ouvindo as conversas
De bugio para bugio,
Avisando se vinha chuva
Ou era hora de seguir.

Foi quando surgiu a doença
Publicada nos jornais,
Atribuíram aos macacos
O transporte do tal vírus.
Como contaminar os humanos?
Esqueceram quão esquivos
São os pobres animais,

Humanos bem desumanos,
Que vivem na região,
Tomaram suas armas de fogo
Para liquidar a questão.

Os bugios, na sua rotina,
Não esperavam a emboscada.
Foram isolados enquanto
No Ipê se alimentavam.
Os tiros tombaram os líderes
E o bando não soube fugir
Até que todos se foram
Sem, ao menos, resistir.

A ignorância moveu
A realização da matança,
Usaram suas armas de fogo
Mesmo tomando a vacina.

Hoje não saltam nas árvores
Nem retornam ao aconchego.
Um legado de ignorância,
Da humanidade um fracasso.

Origem

A árvore genealógica
Se levada até o fim,
Passaria pelo Big-Bang
E voltaria para mim.

Porque sem o interesse
Ou a ciência do fato,
A existência seria inútil
Como é inútil esse relato.

Coletivo II

Coletivamente falando
O sentido perde o senso,
A coerência sucumbe,
Pelo menos é como penso.

A lógica do coletivo
Funciona como manada.
Se ninguém se apavora
A ação é moderada.

Mas se um corre ou escuta um grito,
Seja um fato ou seja um mito,
A reação é imediata:
Como efeito de magia,
Instala-se, sem que se saiba
Razão, a correria.

O coletivo procede
Sem mente que o coordene.
Mente quem diz o contrário,
Contraria-nos quem não mente.

Abraão (Gênesis)

Era um sujeito de fé, esse tal de patriarca.
Ouvia sem questionar a voz em sua consciência, Acreditava
ser Deus nessa prosa não sensata,
Desconsiderava que pudesse ser uma doença psiquiátrica.

Se foi certo ou se foi sonho tudo o que mais se passou
A história não esclarece, pois descreve quem contou
Que Sara concebeu sem óvulos a prole do povo judeu,
Enquanto uma jovem escrava um outro rebanho proveu.

O próprio Abraão, ancião, escasso em semente estaria
E devido à idade avançada, tampouco tal força teria.
A filharada gerada deve ser de seus patrícios
Que na bagunça instaurada prestaram-lhe ajuda em ofício.

Assim as nações do oriente, primos nobres e primos crentes,
Na questão da descendência são tão crédulos quanto Abraão:
Serem fatos ou serem mitos as escritas tão remotas
No que tange ao que se entende da questão da geração.

Humanidade

O homem, conclua quem quiser
Ao observar sua história,
Tem um lado perverso – latente -
A surgir a qualquer hora.

Basta a catarse se dar
Na voz do orador
Para despertar a maldade
Que quer aliviar sua pena.

A dor que está dentro da alma
A atribui a outro alguém
Que difere dele, em muito,
E, assim, não lhe convém.

Compara-se à pulsão de morte,
Definição do famoso judeu
Que estudava o inconsciente
Do antes eles do que eu!

Amor e ódio

Ódio existe no homem,
Com frequência, depois do amor.
É raro odiar em premissa,
Ódio sempre se segue ao rancor.

Rancor deriva da falta
Naquilo que se esperava,
O homem ansiava o amor,
O outro o amor lhe negava.

De amor, nas suas formas variadas,
Necessita cada alma vivente,
Amor é alimento da vida…
Ódio é de amor ser carente.

Ideologia

Ideologia é ideia, ideal é outra coisa.
Ideologia separa ao unir extremamente.
Ideal é entender as diferenças do homem,
Ideologia corrompe toda abertura da mente.

Ideal não é ideia em defesa inconsequente,
Os extremos são nocivos ao viver conveniente.
Alteridade exige conviver com diferenças,
Coletividade progride sem a ideologia excludente.

Último poema

Dos poemas, há o primeiro
Ou não haverá mais nenhum,
Mas o poema, o derradeiro,
Frustra-se ao surgir mais algum.

Assim, não se atreve quem escreve
Defini-lo dessa forma concreta.
O último que escreve o poeta,
Só o acaso, definitivamente, o decreta.

Se é último este novo poema
O poeta jamais saberá.
Só o leitor é quem irá sabê-lo,
Se assim for, só então será.

Lamento

Angústia que me atormenta
Das incertezas da vida,
Da falta de tempo que tenho
Para cumprir a minha sina,
Dos amores que deixei soltos
Pelas tarefas não findas,
Dos lugares que não vi
Pelas necessidades cumpridas,
Dos saberes que perdi
Em todas as leituras não lidas,
Dos planos que deixei soltos
Por atos da vida corrida,
Nos sonhos que não cumpri
Por deixá-los sem guarida,
Da vida que não vivi
Nesta morte já sentida.

Tecka sapeca

A formosa maltesa chegou
Aos poucos...
Precisava completar vacinas pendentes.
Em casa um perigo oculto habitava.

Adotada pela linda Zazá
Entrou na matilha sem rodeios,
Tomou lugar, independente,
Como a raça briosa ordenava.

Beleza e a traquinagem
Criaram apelidos diversos...
Elogios ao jeito maneiro
Gracejos quando ação imperava.

Cativou a tudo e a todos
Com seu jeito sapeca de ser,
A barriguinha, generosa,
A carícias ofertava.

Enfrentou muitos e graves problemas,
Alguns agudos, outros imanentes,
Ceder, se seria provável,
A guerreira briosa negava.

Foi menina graciosa
Desde meses até muitos anos,

Agora partiu.

Fiquei sem parceira nos rituais de vida que a amizade moldava.

Tempos incertos

Um abril de angústias hoje inicia,
Pois um vírus medonho o mundo intimida.
Do oriente ele veio sem dar um alerta,
Trazendo incertezas nas coisas da vida.

Os planos traçados perderam seu rumo,
A rotina mudou, com os medos crescentes
Da finitude presente em mídias e mentes,
Com as mortes contadas em notas correntes.

Os loucos saíram a pregar os seus salmos.
Apocalipses diversos são cantados nas vias.
Covardes heróis hoje erguem bandeiras
De morte e de medo, solidão na agonia.

O poema se escreve, o poeta consente,
A verdade se esconde no dia seguinte.
A esperança é o verso, este segue presente
Em voz que não cala a buscar um ouvinte.

Finitude

O fim é seguro, inseguro é o caminho.
Nos planos de vida o poder é efêmero.
Na história se torna ineludível destino,
Porvir insensato por nós perseguido.

Estranheza

Leis estão para lidar
Com tudo o que acontece,
Mas o porquê de assim ser
Desejaria que o soubesse.

Queria poder entender
Como ocorre isso tudo,
Ser capaz de explicar
A razão de ser assim.

Saber que aquilo ocorre
Toda vez, pois se repete,
Não satisfaz minha mente
De forma que me complete.

Me causa maior estranheza
As coisas serem assim.
Estranho se assim não o fossem,
Estranho que sejam assim!

Rimas e rumos

Deixem estar esses meus versos,
Nasceram e cresceram assim.
Não desejei que assim fossem,
Não planejei que ocorressem,
Surgiram apesar do meu zelo,
Fiéis só à sua existência.
São, pois aqui estão eles,
São o início, seus meios e o fim.

Rumos a lugares incertos,
Rimas o que querem de mim?
Poemas, a quem servem eles?
Poeta, seu poema é ruim.

Conversa no café da manhã

Sentados ao café da manhã,
Desejo, medo e amor
Discutiam coisas da vida,
Desprovidos de censura ou pudor.

Desejo, com a força de um touro,
Era quem conhecia a vontade.
Já o medo, vigilante do audaz,
Prevenia a total liberdade.

Medo como a morte precoce
Traz saudades do que estaria por vir
Nas coisas que não foram vividas,
Nos prazeres que perderam guarida.

Desejo é motor e engenho,
Pois é ele quem constrói o saber,
Desejar conhecer o momento,
Desejar o universo entender.

O medo das coisas finitas,
O terror de apenas não ser
Criam mitos e pretensos caminhos
Para aquilo que temermos entender.

O desejo e o medo se anulam
Num dueto de sons inaudíveis
Em um mundo que se alastra e encolhe
Que escolhe e não sabe o que colhe.

O amor ao entrar na conversa
Disse apenas o que queria dizer,
Sem pensar se o desejo era dele
Bem seguro de nada temer.

Amor nunca tece argumento
De ciência ou tampouco de fé,
Sentimento que não carece de nada,
Se completa naquilo que é.

Entrelaçamento quântico

Sentei-me para ler outro dia
Dessa interessante questão da ciência.
Informar, finalmente, poderia
Sem que o tempo seu limite impusesse.
Essa conversa instantânea ocorreria
Não importando tempo ou distância.

Notem as consequências da ideia
Nessa vida finita e insensata!
Seria viagem liberada do tempo,
Ir além da origem imaginada.

Mas a leitura foi ficando intrincada
De questões por certos gênios promovidas:
Questionaram a própria física das partículas
Para derrubar a teoria estabelecida,
Pois sagrada lei essa conversa proibia,
Nada corria além da luz num novo dia.

Um paladino propôs, enfim, um teorema:
Bell, ao trazer as desigualdades definidas
Para varrer, por fim, aquele tal de paradoxo
De ocultismo de variáveis localistas.

À realidade fantasmagórica em mundo quântico,
Três opções foram as hipóteses oferecidas.
Uma delas nos livrou desse problema
Sem que eu pretenda, aqui, lhes contar de toda história.
Mas ao provar-se ser, de fato, verdadeira,
Salvou, em tese, afinal, a Mecânica Quântica
Da cética crítica, genial, mas traiçoeira.

Dupla fenda

Às vezes sinto vontade de pensar no improvável,
Nas realidades estranhas de experiências quase insanas
Que ofendem nosso senso com efeitos intrigantes,
Mas totalmente reais, enrolando a mente humana.

Sobre as interferências das ondas,
Por volta de um mil e oitocentos,
Já havia Thomas Young
Nos brindado com experimentos
Da ótica tradicional:
A luz ao passar por fendas
Definia duas ondas
Que se ampliavam ou sumiam
Projetando numa tela plana
Listras de sombras e de luz.

A zebra assim desenhada
Era como se duas pedras num lago
Provocassem dois grandes círculos
De ondas que se chocassem,
Provocando outras ondas
Diferentes das primeiras,
Partes por elas ampliadas
Entre partes mais maneiras.

Anos após veio o espanto
Que a mesma experiência traria
Feitas com feixes de elétrons:
E o mundo, então, mudaria.

Não que mudasse de fato
Pois o fato já era obtuso,
Bem difícil de se aceitar,
Deixando até o mais sábio confuso.

O elétron, uma pequena pedrinha,
Teve um mal comportamento,
Pois mudou a sua atitude
Quando olhado por um momento.

Se ninguém o vigiasse
Seguia qual onda de luz,
Mas se olhado por curiosos
Outro percurso faria.

Isto não prestava à ciência
Tal como, então, se entendia.
Como esse elétron malandro
Teria tamanha ousadia?

Até Einstein não aceitou
O tal comportamento pilantra:
Estaria Deus a jogar dados
Ou os dados a criar mantras?

Física da consciência

Penso, logo existo, disse Descartes outro dia.
Realidade descrita em simples ato de consciência.
Individualismo presente na definição de verdade,
A própria existência só vista como um ato da vontade.

Antes da vida, existiria o universo
Ou um propósito é premissa da existência?
Se a ciência duvida da própria localidade,
Qual o sentido do fato sem a minha individualidade?

Se o meu ato define o que faz cada elemento,
Como irá a partícula apresentar comportamento?
Mais que isso, se estar lá de mim depende,
A existência precisa me pedir consentimento?

A consciência permite minha existência.
Sem ela não existo, nem existiria a consequência,
Nem o entendimento, nem a dúvida desses fatos,
Pois criei deuses, criei tudo, a existência é meu ato.

Se o éter existisse...

Se o éter existisse as coisas seriam mais simples,
Durar seria certeza, não dependeria de mim
Que me movo pelo Universo montado no nosso Planeta.

Eu giro em torno do sol a percorrer a Via Láctea,
Brincando com outras estrelas ao redor de Sag-A,
Devorador de matéria mais guloso da galáxia,
Que regurgita o que devora, pois não tem como aguentar a
comilança tremenda com que quer se alimentar.

Por mais que alguém o tentasse, as medidas não saíam.
Saiu sim outra coisa que mudou toda ciência
E tornou o passar do tempo uma pobre anomalia,
Numa síntese intrincada com o espaço que nascia.

Surgiu um titã mais forte, imutável redutor,
Mais estável que a idade, implacável corredor,
Vencendo a eternidade que se julgava senhora
Da história de nós todos e servia de magistrada
Dos fatos e de todas as guerras, dos poetas e pensadores,
De sábios que confiaram no seu passar triunfante.

Foi posta em vã desgraça, singelo denominador
Do senhor da nova ciência, definidor da verdade,
Que trouxe em jugo o pobre tempo, singrando em um facho de luz.

O dilema de Lúcifer

Ser o diabo não é tão fácil,
Nem sempre ele foi o ruim,
Criado pelo Deus poderoso,
Melhor que não fosse assim?

Em luz ele foi forjado,
Em glória ele buscou o saber,
Queria entender a história
E o futuro compreender.

Professor do primeiro dos homens
No fruto ofertava o poder
Da ciência que lhe fora negada.
Seria melhor não saber?

A curiosidade foi nata
Ao homem que lançou seu olhar
Nos segredos do universo...
Suas leis a decifrar!

A tentativa sempre falha,
Conhecer não é possível,
Um novo curso se apresenta
A cada passo da jornada.

É Satanás – em seu dilema –
Decidir a quem servir:
Se a Deus, em sua glória
Ou ao homem, que quer lhe ouvir.

Porém, todavia

O porém é um empecilho,
Todavia segue sempre assim,
Porém também não o segue,
Todavia pode não ter fim.

Porém, em algum dos casos,
Todavia pode tê-lo, sim.

Hava Nagila

Alegria, alegria é o jeito mais maneiro
De saldar a euforia nesse nosso cancioneiro.
Israel é mais direto no incentivo varonil
O Caetano, em sua "preguiça", é pendor desse Brasil.

O amor do brasileiro é amor de formosura,
O amor entre dois seres de uma forma nada pura.
A alegria ali cantada é alegria no geral,
"Uru achim" é um chamado, um clamor de general.

Entre aspas

Certamente isto já foi dito.
Como irá ser novidade
Em tantos séculos transpostos
No curso da humanidade?

Entre aspas então coloco,
Por questão de honestidade.

Infinito

O infinito é bem finito e já foi muito pequeno,
Era cheio de energia de um jeito nada ameno.
De uma outra dimensão resolveu então fluir.
Tendo o tempo em suas mãos, começou a se expandir.

Se as leis já lá estavam, não há como descobrir.
Funcionavam antes do antes? Como vamos inferir?
Trocadilho bem forçado resolveu o meu problema,
Mas a física não resolve nem comprova esse dilema.

Para aqueles em um só plano, o espaço lhes resolve,
Os que estão em linha reta pouca coisa, então, descobrem,
Mas quem vive no universo se imagina um infinito
Dando volta em outra coisa, não compreende esse conflito.

Dimensões são mais singelas nos cálculos sobre o papel,
Já em fatos são mais complexas que esse verso pueril.
Teorias, sem as provas, se resolvem algum problema,
O real nem sempre provam... e já cansei desse meu tema.

Shabat Shalon

Todos os mitos do mundo
Cria a angústia do homem,
Criadores ou criaturas
Em sonhos desvanecem e somem.

(isto é um poema, não uma explicação)

Ciência de fato

Ciência é feita de hipóteses que tentamos comprovar
Em fórmulas de matemática que antecipam o que se achar.
Se fatos comprovam a tese, compõem uma teoria
Que fica sendo verdade, até que não mais o seria.
Quando surge nova hipótese que se faz mais abrangente,
Deixa a antiga das verdades simples caso da sequente.

É derradeira até que outra se pareça mais completa
Que teorias mais pobres, pois alonga a fronteira
Daquilo que então se sabe e que pretende descrever
Como as coisas acontecem ou deixam de acontecer.

Ciência é consequência do fato do homem pensar,
Não é ciência de fato, como se poderia imaginar.

Na busca da verdade há um caminho infinito,
Passos seguem outros passos, pouco mais que um novo mito.

Serenidade

Sereno não é apenas o que parece tranquilo,
Nem aquela neblina que envolve a noite fria.
Serenidade ocorre quando o que de fato se sente
É suficiente e bastante aos anseios do inconsciente.

Assunto é o que não falta

Se o poeta desistir, que não seja pelo assunto,
Pois assunto é o que não falta ao tentar algum poema,
Desde coisas corriqueiras como o sono mal dormido
Até coisas mais doídas como um ato de partida.

No meu caso, algumas vezes, a ciência é minha escolha
Ou a fé com a qual eu brinco, quando toco neste tema.
Quando posso até alegro o leitor com alguma troça,
Pois poema até que pode ser motivo de chacota.

Tem poema muito trágico que pretende entristecer.
A tristeza no poema é motivo de prazer
Do poeta traiçoeiro que se vale da emoção
Em poema que arranca ou espreme o coração.

Tem poema muito culto que esnoba o conhecer,
Mesmo sendo o poeta meio vago no saber,
Pois poema tem recursos que se usados a favor
Deixa aberta a questão do que está a se dizer.

Isso ocorre, pois poema, quando escrito, deixa abertas
Possibilidades bem diversas, nada rígidas, nada certas,
Que o leitor tem sua leitura e recria nesse ato
Uma nova poesia que é só sua, em novo trato.

Se assunto é o que não falta, o que falta é competência
Ao poeta a escrever tudo aquilo que ele pensa.
A forma, sim, importa muito, importa mais que qualquer tema,
Isto é escasso aos poetas, é muito raro um bom poema.

O que é vida

Vida não é ato ou escolha,
O universo já montou seu caminho…
As estrelas definiram as razões do sucesso,
Estabeleceram quando ocorre o fracasso.

Num lego intrincado que se repete,
Tempo e leis moldam a energia,
Criam memórias de formas e atos,
Acaso de sortes que compõem harmonia.

Sabendo que a vida já tem seu caminho,
As escolhas na vida a moveriam em seu ato?
Se as escolhas parecem ser fatos da vida,
Escolhas na vida não são escolhas de fato.

O acaso é o mestre de ser ou não ser,
É mentor da história, seja amor ou poder.
A vida é um acaso que por vezes acontece
Da não vida, sem vida, que no acaso perece.

Sempre e nunca

Há conceitos que estranho,
Pois lhes faltam eficiência.
Sempre e nunca são bem raros
Ao sabor da eloquência.

Não é fácil compreendê-los
Já que o tempo impõe limites.
Este gêmeo do espaço
Quer meter-me num hospício.

Se o tempo teve início,
Não pode o sempre existir.
Há conflito em postulado,
A tempo não irá concluir.

Nunca é astuto ao esconder-se
Da consciência da existência.
Só os mitos o contemplam,
Veta-se defini-lo à ciência.

Se o sempre nunca ocorre
E o nunca dele depende,
Surge o poema e os socorre.
Nunca, nem sempre, o compreende.

Imaginação

O poeta maior declarou
Que sente com a imaginação.
Se sentisse cada poema
Não haveria, para si, salvação.

Estaria internado em hospício,
Sedado da nascente ao poente,
Amarrado por causas do ofício.
Seria poeta, mas poeta doente.

Melhor que ele passe fingindo.
Fingidor que ele diz que é,
Não desvenda a dor que sente
Sua razão. Nem, tampouco, sua fé.

São ridículas suas cartas de amor,
Suas almas o compõem cada vez,
Suas vidas se reais ou sentidas
Imaginam-lhe ser poeta, talvez.

Eu não estou aqui

Eu não estou aqui.
Mas nos primeiros lumes da madrugada
O sabiá saberá seu canto.

A neblina cobrirá algumas manhãs
Até deixar o sol vencer sua força
E eu não estou aqui.

Eu não estou aqui,
Mas a corruíra dará seus passos apressados,
Entoará sua cantiga no dia claro.

Pessoas passarão pela rua apressadas,
Outras com a calma de um passeio
E eu não estou aqui.

Flores cobrirão arbustos,
Frutas amadurecerão nos galhos
E eu não estou aqui.

Eu não estarei aqui
Quando ninguém mais se lembrar
Ou não houver nem mais quem me esqueça.

Poema

Poema é momento, é sentimento,
Não requer explicação.
A razão a esquartejá-lo
É sacerdote em inquisição.

Macaquice

Macaco, se escrevesse poemas,
Poderia ser assim,
Ao olhar o mundo do homem
O veria absurdo e ruim:

Sob a visão do macaco
O homem é de outro planeta,
Difere de todo ser vivo
Naquilo que o movimenta.

O homem ensina seus filhos
A explorar a natureza
Para além do necessário,
Extrair suas riquezas.

O homem constrói seus castelos,
Destruindo uma floresta.
Sobre a mesa em seus banquetes,
A morte de muitos protesta.

O homem constrói suas cidades,
Destruindo a que existia.
Poluindo rios completamente,
O que era vida se extinguia.

Predador dos mais temíveis,
O homem não mata por fome.
Quer apresentar o troféu
Que assina com seu nome.

Do sagui ao orangotango
O motor é a sobrevida.
Cumprem o papel, como espécie,
Enquanto durarem suas vidas.

Macacos cuidam da prole
Com cuidado e cortesia.
O bando todo trabalha
Com esmero e harmonia.

Macacos saem em busca de frutas,
Na jornada matinal.
Aproveitam a natureza
Com o respeito usual.

Sejam frutas ou sejam flores
Eles colhem para comer.
As sementes que espalham
A floresta faz crescer.

Não acumulam para o futuro,
Pois o futuro não tecem.
O amanhã será bem-vindo
Na rotina que conhecem.

No inverno algumas flores
Contrastam com o verde da mata.
Os ipês de lindas cores
Tem sabor que os arrebata.

No outono existem frutas
Muito doces como o mel.
O verão tem verdes folhas
Com crocância bem fiel.

A primavera é generosa,
Todas as cores se apresentam.
Flores singelas ou majestosas
Ao bando, festivo, alimentam.

Deixam o ambiente encontrado
Para as gerações que seguirem.
Mudam com cuidado, no tempo,
Deixando os milênios dormirem.

Finais

Todo final é trágico,
Exceto para o que termina...
Se termina abandona o mágico,
A mágica que se diz divina.

Minha tia

O trem singrava pela mata muito densa
Cortada há tempos através da serra fria,
Furava morros e se arriscava entre os abismos
Com a força bruta da braçagem incansável
Atenta às ordens da fiel maquinaria.

Manacás corriam pelo verde das montanhas
Com nuances ternas dos seus tons de violeta,
A pleno sol ou sobre as sombras mais escuras
Torciam pescoços que espiavam das janelas
Num torpor hipnótico de novidade e formosura.

Corredeiras ágeis se esgueiravam sob os trilhos
Polindo um brilho de humidade aos pedregulhos,
Trocavam prosas num cochicho indecifrável
Com samambaias e o musgo denso das beiradas
E se perdiam, mais abaixo, sob os arbustos.

Uma casinha, em dissonante, aparecia
Tão improvável que os olhares arrematava...
Quem poderia valer-se dela, lá, tão remota,
Quantas histórias, essas pessoas... imaginava
Pela janela, em reflexão, a minha tia.

E eu, menino, ao lado dela, então criava
Algum romance dessas pessoas lá do mato
Que esperavam o trem passar para que lembrassem
Que existiam, que amavam e que sofriam,
Ouvindo o apito e ronronar da ferrovia.

Melancolia

Melancolia é saudade
De tudo que não chegou.
Daquilo que não se sabe,
Que não foi, mas acabou.

O homem quieto

Meu avô que pouco falava,
Na velhice se fez padeiro.
Amassava o trigo com água
E nas vestes trazia o cheiro.

Albino era seu prenome
Com a alma alva, tal qual.
Não podia ser algoz das galinhas
Que criava no pequeno quintal.
Não era senhor de histórias,
Orgulho ele nunca mostrou,
Poucas coisas dele eram ditas,
Quase nada dele restou.

Houve um fato bem curioso
De um homem que tentou
Atingi-lo num assalto,
Mas o golpe se frustrou.
O bandido para agredi-lo
Em gesto brusco ergueu a mão,
Mas o golpe se conteve
Por milagre ou contusão.

Homem pacífico era ele,
Nem na morte se exaltou…
Partiu recluso e discreto
Que ninguém se abalou.
Não tinha posses ou discursos,
Só um terno tosco e um chapéu
Que deve ainda usar hoje
Sentado, num canto, no céu.

O homem que falava muito

Meu avô que falava muito,
Acabava se repetindo.
As histórias que ele mais contava
Não passavam de umas quatro ou cinco.

Essas eram as mais contadas
Dentre, talvez, dúzia e meia.
As mais raras, talvez não gostasse,
As frequentes lhe valiam a feira.

Além das histórias que eram contadas
Trazia junto essa sua mania,
Carregar no bolso seu cebolão de corda
Que fora útil na maquinaria.

SPR em grafia cursiva
Vinha gravado como num troféu.
Preso à corrente e no bolso devido
O velho relógio ele sempre vestia.

Se houver um Deus e ele for paciente,
O velho Alberto lhe faz companhia.
Na onisciência, sempre sabe a história,
Na eternidade, nunca perde a hora.

Vento quente

Amanheceu de mansinho
Como em alguns dias amanhece.
O horizonte, em modorra, avançou bem devagar.

O sol estava com sono
De dormir mal a noite toda,
Que tomou muita cachaça como o avô do Juvenal.

Quando o dia vem desse jeito,
A natureza espreguiça,
O vento sopra do Norte, bole bem devagar.

Vem como o bafo cansado
Do boi que rumina no pasto,
Longe das árvores, da fresca,
Sem poder se sombrear.

Vento quente, vento quente
Atravessa meus cabelos,
Faz cócegas no meu pescoço...
Me faz lembrar da Aninha,
Onde, hoje, ela estará?

Valha-me, meu santo!

Minha avó era de fé.
Mulher sofrida na vida
Tinha fé das mais ecléticas,
de tranqueiras até o além.

Pulseiras com magnetos, padroeiros de ocasião,
Espíritos iluminados para afastarem encostos,
Santos para todos os gostos,
Pombas do espírito santo e chás de purificação.

Manoel de Mello e outros tantos
Chamavam sua atenção.
A água benzida no rádio
Era tomada em três goles
E o remédio para as dores
Era deixado ao orvalho,
Na noite de São João.

Que eu me lembre,
Os seus males ficavam
Cobrando por novos favores.
Valha-me meu chá de Ipê roxo!
Valha-me benzer o quebranto!
Valha-me, meu santo!
Valha-me, meu santo!
Valha-me, meu santo!
Ave, minha avó Maria.

Adelina

Avó não entendia de letras,
Se formara na cozinha...
Napolitana de origem,
O sabor era sua ladainha.

Arroz com tomate picado
Tinha um toque de artista.
Cozinhava como santa,
Reunir-nos era sua conquista.

Sua prole era diversa
Como os pratos que servia,
Cada domingo sagrado
O bando se reunia.

Não importava de onde,
Ou se formavam harmonia...
Chegavam no fim da semana,
No fim de semana partiam.

O ritual se manteve
Quase até sua partida,
Jogavam uma boa Sueca...
Comiam, bebiam e riam.

Enxurrada

No verão, se vinha chuva
Depois de dia de calor,
A água era da grossa... pingos quatrocentões.
Estranho que tanto calor
Faz gelo grosso no céu
Que cai como granizo, diamantes pelo chão.

Da janela para a rua,
Descidão de terra só,
Via a água formar valetas, cavoucando o chão sem dó.

Aguaceiro dos vermelhos
Se enrolava rua abaixo,
Só acalmando na baixada do campo de futebol.

A molecada gostava
De formar um chafariz, pisando na correnteza...
Era barro até o nariz!

Do mesmo jeito que vinha
A chuvarada partia.
O dia se ensolarava, a enxurrada sumia.

Quebra coco (aos escoteiros)

"Quebra coco, quebra coco,
Na ladeira do Piá,
Escoteiro quebra coco
E depois vai trabalhar." (refrão folclórico)

Acendi a lamparina
Num canteiro de melissa
Se juntaram vagalumes
Para namorar com a cortiça.

"Quebra coco, quebra coco,
Na ladeira do Piá,
Escoteiro quebra coco
E depois vai trabalhar."

Escorreguei no riacho
E molhei minha canela
Tudo por estar olhando
Para a irmã da Manoela.

"Quebra coco, quebra coco,
Na ladeira do Piá,
Escoteiro quebra coco
E depois vai trabalhar."

Arranquei umas minhocas
Para pescar uns lambaris.
Mas não tinha rio, nem lago
E fui pescar num chafariz.

"Quebra coco, quebra coco,
Na ladeira do Piá,
Escoteiro quebra coco
E depois vai trabalhar."

Escoteiro canta comigo
Ao redor dessa fogueira
A cantiga Quebra Coco
Alegrando a noite inteira.

Nota do autor: Brincadeira de improvisar dos escoteiros, façam seus versos ao redor da fogueira e cantem com o refrão. A música você acha na internet!

Ponte de pau

Bem para lá do Guaraú,
Picada de areia batida
Cercada de mangues fedidos,
De fedor até gostoso,
O rio se abria em dois braços
Para quem viesse do mar.

A pinguela mal ajambrada
Atravessava um trecho desses.
Seria para vir de algum sítio
Desses caboclos reclusos
Que insistem em ali morar.

Sei lá o que para além se encontrava.
Coragem de atravessá-la
Não vinha sem precisão.
Melhor ficar desse lado,
Ter uns pitus ajeitados
Para tentar algum robalo
Ou peixes de ocasião.

A ponte dava nome ao lugar,
Ponto de lançar as linhadas,
Que bons peixes se juntavam
Para mó de a gente pescar.

Do Guaraú, dobre a direita, vai pela picada, toda vida, até a
Ponte de Pau...

Pixoxó

Seu canto vem como um estalo ecoado nas encostas.
O Xanxão, se abre o bico,
Deve ser por que precisa
Avisar quem está longe
E conhece sua canção.

Garganta tão pequenina
Esconde um pulmão bem potente.
Ondas gigantes se agitam,
Por léguas o ouvirão.

Bem discreto na aparência
É recluso aos olhares.
Só sua voz ele ostenta,
Só o canto ele apresenta,
Ele é só sua canção.

Arrastão

O barquinho fura as ondas
No sentido de alto mar,
Leva rede e esperança
De muito peixe buscar.

Dois caiçaras com seus remos
Dão o torque à canoa...
Em braçadas bem certeiras
Mantêm o rumo da proa
Para o horizonte onde água
Risca o céu em linha reta,
Mistura suas cores de fato
Com a imagem que projetam.

Uma corda está na praia
Com o grupo que pisa areia,
A outra segue no bote
Ao ponto de dar meia volta.
Retorna com a rede já solta
Que as cordas vão puxar
Por duas filas de caboclos,
Varrendo as coisas do mar.

Quando chega em água rasa,
Os peixes se desesperam,
Saltam de um lado para o outro,
Pois sabem o que os espera.

Agora, se nada acontece
Frustrou-se a pescaria...
Vão rezar para Iemanjá
E tentar num outro dia.

Caos

A física encontrou fundamentos
Que regem a termodinâmica.
Leis sábias, mas complexas à maior reflexão.

A primeira lei, bem sabida,
Trata da conservação
De tudo, mas tudo que existe,
Pondo o universo em prisão
Na permanência do eterno,
Incluindo a informação...

A segunda lei é a dança
Em que a mudança se dá.
Passos rumo à desordem,
Tudo caminha ao caos...
Caos final, sem consequência,
Que desafia a imaginação.

O Caos, de todos os caos,
Chegaria a seu limite:
Para além da eternidade,
Nas hordas do infinito,
Rumo ao zero absoluto,
Sem mais causa ou reação.

Caos destrói o próprio tempo,
Onde o tudo morre, morre a ação.

Arte digital

Arte é conceito abstrato, difícil a definição,
Pode até ser um poema, mas bem poucos o serão.
Este, então, nem chega perto de definir-se dessa forma,
O que quer esse poema é propor a discussão:
Arte pressupõe a beleza, mas beleza, em si, não é arte,
Apresenta-se aos sentidos, mas a define o coração.

Autenticidade não garante, essa é visão banal,
Nem um preço gigantesco sendo pago num leilão
Por ingênuo com dinheiro, que quer seu nome num jornal,
Mostrando que queima recursos só para chamar atenção.

Digital é apenas meio, como tinta, tela e pincel,
Digital para ser arte há que ser pura emoção.

Macaco, em tédio ou torpor, não comovem ser algum.
Definir que aquilo é arte é pouco mais que um palpite,
Macacos, macacos me mordam se encontrá-lo num museu
Olhando para Gioconda ou para o traseiro de Afrodite.

666

João, do apocalipse, não escreveu chapadão
Como podem pensar alguns ao lerem seus escritos.

O décimo terceiro capítulo é sim o mais discutido,
Pois traz o cabalístico número por ele bem definido.

Política naqueles tempos era coisa complicada.
Nero não era sujeito que aceitava com brandura
Censuras a seu governo, tratando-as com lisura.
Era, sim, bem violento, quando era criticado!
Contrariado, ateava fogo em qualquer pobre coitado.

João usou sua astúcia ao pôr letras no papel,
Usou muitas figuras, mesmo assim foi bem fiel
Na charada que propôs no hebraico em que escrevia.

Cesar Nero era vil tirano, mas escasso em sabedoria
Para descobrir que era ele a besta da profecia.

Nero Caesar

נרונקסר

ר = 200
ס = 60
ק = 100
נ = 50
ו = 6
ר = 200
נ = 50

Sum: 666

The Hebrew Alphabet

UNITS	TENS	HUNDREDS
Aleph א = 1	Yod י = 10	Koph ק = 100
Beth ב = 2	Kaph ךכ[1] = 20	Resh ר = 200
Gimel ג = 3	Lamed ל = 30	Shin ש = 300
Daleth ד = 4	Mem מם[2] = 40	Tau ת = 400
He ה = 5	Nun נן[3] = 50	Kaph ך[1] = 500
Vau ו = 6	Samech ס = 60	Mem ם[2] = 600
Zayin ז = 7	Ayin ע = 70	Nun ן[3] = 700
Cheth ח = 8	Pe פף[4] = 80	Pe ף[4] = 800
Teth ט = 9	Tsadi צץ[5] = 90	Tsadi ץ[5] = 900

Simultâneo

Segundo a mecânica de Einstein
Há truque no que é simultâneo.
Ele existe para os que estão no planeta,
Mas depende, para quem está viajando.

A Terra para quem olha de um ponto, sentado em Sag A*,
Está na maior disparada, girando em torno do sol.
Em uma hora ela percorre um milhão dessa medida
Que na terra marca as estradas, desde um ponto de partida.

O simultâneo só se aplica para os que ficam num lugar,
Simultâneo não existe com os que estão a viajar.
Tudo por causa do tempo, um conceito criativo
Limitado por certas ondas com seu freio relativo.

A Terra anda depressa, a luz mil vezes mais,
Mas quando a Terra se apressa algo ocorre que surpreende,
Pois o tempo, então, se encolhe de uma forma colossal
À medida que ela tenta, igualar-se à maioral.

Essa corrida maluca causa muita confusão
No que parece simultâneo aos de Sag e a Seu João,
Que está tomando cerveja com um pastel de palmito,
E seu amigo, Edevaldo, sentado no fim do balcão,
Os dois assustados com um grito do outro lado do salão.

Só o passado se apresenta

O presente é mistério que logo se revelará,
Quem insistir em vê-lo agora só o passado terá.

De pertinho, a diferença é pouco mais de um palito,
Mas se aumentarmos a distância o efeito é infinito.

Claro que infinito não existe, ele é apenas imaginário,
Assim como eternamente é expressão de algum falsário,
Já que tudo teve um começo, antes não havia uma história.
Com o espaço surgiu o tempo, que é seu irmão desde a aurora.

Se pegarmos um telescópio e mirarmos em Saturno,
Aquele dos anéis bem famosos, que se vê no céu noturno,
O que veremos é o astro como estava há hora e meia.
Já com aparelho dos grandes, para olhar até Andrômeda,
A imagem será mais antiga que o homem no nosso planeta.

A vista é um sentido de história no mundo da cosmologia.
Ao universo, o que é hoje, só o extrapolar tem valia.
Nossas máquinas poderosas, com o universo a vasculhar,
Quem sabe verão o Big-Bang, mas o agora não vão achar.

Poemetos

SOL
Na manhã faz crescer minha sombra,
Mais tarde minha sede faz.
Noitinha deixa saudades da história que deixei para traz.

LUAR
Luar é Luna, branca e macia.
Luna vestida de rendas de nuvens
Sob as silhuetas da noite vazia.

SAPO
O sapo é meu bicho irmão.
Se a beleza lhe escapa,
Bate forte o coração.

MENINA
Menina da saia azul
Que balança com o vento…
Vento vai e vento vem, vento do Norte e do Sul.

JOGO DE AZAR
Apostei a minha vida
De que nunca podia ganhar.
Só ganhou um tal de Elias, isso se você acreditar.

CORRICHO
Corricho é um passarinho,
Corricho também são dois rios que se encontram e vão namorar…
Corricha, meu passarinho, procurando onde ciscar.

ANJO
Anjo foi um engano
Que acabou com o Paraíso
Quando um Deus, distraído, o largou a seu juízo.

LARANJEIRA
A árvore faz o que pode,
Floresce e se põe a frutar.
Laranja é tudo que tem, maçã ela nunca vai dar.

GATO
Gato é bicho da noite,
Caça e tenta brigar.
Na conquista da amada, gato põe-se a chorar.

MADRUGA
Acordei de madrugada
Brigando com meus pensamentos.
Se fico os pensamentos devoram, levanto e os acalento.

TRINCHEIRA
Melhor ficar aqui quietinho
Que ninguém vai perceber.
Vou parecer bem mortinho, só assim posso viver.

CHUCRUTE

Chucrute sustenta o alemão,
Para o mineiro o jiló,
Mas o que quer meu coração que me deixa assim sem dó?

BOI

O boi é bicho sereno
Que pasta e quer namorar.
Seu fim é boi virar bife, da grama que estava a fartar.

CHEIRO

O nariz me avisou
Que é hora de agir.
Vou comer, amar, correr... vou tossir, morrer, sumir.

Compartilhando propósitos e conectando pessoas
Visite nosso site e fique por dentro dos nossos lançamentos:
www.gruponovoseculo.com.br

- facebook/novoseculoeditora
- @novoseculoeditora
- @NovoSeculo
- novo século editora

gruponovoseculo.com.br

Edição: 1ª
Fonte: Minion Pro